AF385257

DROIT CAMBODGIEN

PAR

ADHÉMARD LECLÈRE

RÉSIDENT DE FRANCE AU CAMBODGE

PARIS

LIBRAIRIE
du Recueil général des Lois et des Arrêts
ET DU JOURNAL DU PALAIS
L. LAROSE, ÉDITEUR
22, RUE SOUFFLOT, 22

LIBRAIRIE
MARITIME ET COLONIALE
A. CHALLAMEL, ÉDITEUR
5, RUE JACOB, 5

1894

DROIT CAMBODGIEN

Extrait de la *Nouvelle Revue historique de droit français et étranger*
Janvier-Février 1894.

DROIT CAMBODGIEN

PAR

ADHÉMARD LECLÈRE

RÉSIDENT DE FRANCE AU CAMBODGE

PARIS

LIBRAIRIE
du Recueil général des Lois et des Arrêts
ET DU JOURNAL DU PALAIS
L. LAROSE, ÉDITEUR
22, RUE SOUFFLOT, 22

LIBRAIRIE
MARITIME ET COLONIALE
A. CHALLAMEL, ÉDITEUR
5, RUE JACOB, 5

1894

IMPRIMERIE
CONTANT-LAGUERRE
LVX VITAM
BAR-LE-DUC

DROIT CAMBODGIEN.

J'ai déjà traité deux des trois questions qui font l'objet de ce petit travail dans mes *Recherches sur la législation cambodgienne*, droit privé (1), mais des observations nouvelles et surtout la mise au jour et la traduction par mes soins de textes législatifs, jusqu'alors inconnus des Européens, me permettent aujourd'hui de compléter ici ce que j'ai à peine ébauché ailleurs.

A ces deux questions, — *les successions* et *les donations*, — si importantes déjà quand on veut connaître la constitution civile d'un peuple, et le degré de civilisation qu'il a pu atteindre, j'ai cru devoir joindre une question nouvelle qui ne laissera pas de surprendre tout le monde : un peu ceux qui, n'étant jamais venus au Cambodge, croient que le peuple cambodgien est à demi sauvage, et beaucoup ceux qui, y étant venus ou l'habitant encore, n'ont su ni l'étudier ni le comprendre. Qui donc, en effet, se fût attendu à trouver chez les Cambodgiens le régime de la *communauté réduite aux acquêts et aux conquêts faits dans le mariage?* Qui donc se fût attendu à trouver clairement distingués par les anciens législateurs du peuple Khmer, les *trap-dœum* ou « biens propres » que chacun des époux a apportés dans le mariage, les *trap-sambach* ou biens de la communauté formés des acquêts et des conquêts, puis des bénéfices réalisés et économisés par les époux pendant la communauté?

Le peuple Khmer est mal connu, ses lois, qui n'ont été qu'en partie traduites et publiées, sont encore ignorées, et l'importance des quelques textes publiés a été méconnue. Elles méritent d'être mieux appréciées cependant, car elles se recommandent dans leur ensemble par un esprit de justice vraiment remarquable et par une rédaction d'une clarté qui ne laisse pas grand'chose à désirer.

J'éprouve une grande joie à faire connaître ces lois, à les

(1) 1890, chez Challamel.

analyser, et surtout à montrer que ce peuple khmer encore méconnu proteste, par tout son passé, avec toute son histoire et toute sa législation, contre le rideau d'ignorance derrière lequel nous paraissons vouloir le laisser. Il pourrait nous reprocher d'avoir des oreilles et de ne pas vouloir l'entendre, d'avoir des yeux et de ne pas le voir. En fait, nous sommes injustes envers les Cambodgiens par ignorance et non par volonté, par légèreté et non de parti pris. Mais, hélas! combien cette ignorance ressemble à un parti pris de ne rien vouloir apprendre de lui. C'est cette *méconnaissance* des choses khmères que je voudrais faire cesser en partie afin de payer à ce peuple le tribut de justice que lui doivent bien ceux qui sont venus pour le protéger et pour présider à ses destinées futures, les administrateurs que la France lui a envoyés, les colons qui lui ont apporté nos arts, notre industrie et leur activité.

J'ai déjà eu la bonne fortune de démontrer, le premier, il y a deux ans passés, que la propriété individuelle du sol existe de fait au Cambodge, alors que tout le monde la niait, et déjà quelques personnes se sont ralliées à cette opinion; aujourd'hui, la propriété individuelle du sol est un fait que nul, de ceux très rares, hélas! qui ont étudié ce pays, ne saurait plus nier. Et c'est un grand pas fait, tant au point de vue ethnographique qu'au point de vue administratif; à celui-là surtout, car il nous épargnera des fautes que nous étions bien près de commettre et un apprentissage qui nous eût beaucoup plus coûté qu'on ne croit.

Ceci fait, il était utile que le régime de la communauté non universelle qui est le régime du mariage au Cambodge fût connu, et qu'on sût ce que sont les donations entre-vifs, les donations à cause de mort que connaissent les Khmers, le caractère précaire qu'elles ont encore et surtout comment on succède dans les biens.

J'ai entrepris cette tâche avec joie et je pense l'avoir assez bien exécutée pour donner à d'autres plus autorisés que moi, à ceux qui s'occupent de législation comparée, l'envie d'étudier les textes et de fixer définitivement les idées qu'on doit avoir sur cette législation.

Si j'obtiens ce résultat, je serai payé de mes peines et largement récompensé, car j'aurai mis sur le boisseau la lumière que nous laissions dessous.

I.

Le régime de la communauté.

Le régime de la *communauté universelle* ne paraît pas connu des Khmers, mais le régime de la *communauté réduite aux acquêts* me semble être le régime adopté dans le mariage par tous ceux qui possèdent.

L'époux et l'épouse apportent dans le ménage et non dans la communauté des *trap-dœum* (1), c'est-à-dire des biens qui, avant le mariage, leur appartenaient déjà; ce sont nos *alleux* d'autrefois et nos *biens propres* d'aujourd'hui. Ces *trap-dœum* sont quelquefois de sources différentes; les uns sont les *trap pi châmnêk chekmok* (2), qui proviennent de dons généralement faits par les père et mère, ou d'héritages survenus avant le mariage; les autres sont les *trap robas chamnang day* (3), qui ont été donnés en dot par les père et mère à l'épouse ou à l'époux avant le mariage; d'autres encore sont les *trap tinh* ou biens achetés par l'un des époux avant le mariage. Les biens auxquels succède un époux dans le mariage ne viennent pas s'ajouter à ses biens *dœum*, ils vont se joindre aux biens de la communauté (4).

Les *trap-dœum* ne sont pas exclusivement des biens fonciers, ils peuvent se composer de maisons, d'esclaves, d'animaux, d'argent, de bijoux, de biens meubles, de créances, de marchandises, etc.

Donc; quand les époux ont apporté des biens dans le ménage, ces biens n'entrent pas dans la communauté, ils demeurent *propres* à celui qui les a apportés. En retour, les dettes des deux époux, au jour de leur mariage, deviennent

(1) Biens antérieurs.
(2) Biens provenant de partages.
(3) Biens mis entre les mains.
(4) *Lakkh. phodey,* I, art. 50.

individuelles (1) jusqu'au jour où les époux, par une déclaration spéciale à chaque dette, déclarent les mettre en commun,
ce qui n'est pas aussi rare qu'on serait tenté de le croire.

D'autre part, si chacun des époux possède des *biens propres*, ils possèdent *en commun* tout ce qui vient, même les
biens provenant d'héritages, augmenter leur avoir, c'est-à-dire
tous les acquêts et tous les conquêts (2) faits dans le mariage (3). Ce sont les *trap-khnong sambach*.

Seulement leurs droits sur l'avoir de la communauté sont
inégaux ; la part de la femme est généralement et légalement
du tiers, parce qu'on estime que le travail de la femme équi-
vaut à la moitié de celui du mari ; quand cette part de la
femme s'augmente, c'est qu'on veut la récompenser d'avoir
accompli toutes les cérémonies funéraires, d'avoir conservé
le deuil pendant plusieurs années sans prendre un autre mari ;
alors sa part est de la moitié (4). Quelquefois, quand elle a
provoqué le divorce et que tous les torts sont de son côté,
quand elle n'a pas accompli toutes les cérémonies funéraires
ou porté le deuil conformément à l'usage, quand elle se marie
avant l'expiration légale du deuil, ou quand elle prend un
amant avant la fin du deuil, elle perd tous ses droits aux
biens *sambach* (5), ou bien elle n'en touche plus qu'un quart (6),
ou un neuvième (7). En retour, quand le mari provoque le
divorce et que tous les torts sont de son côté à lui, dans certains cas, le droit de l'épouse s'étend à la totalité des biens de
la communauté et elle prend tout (8).

Mais les biens *dœum* de l'époux décédé ne deviennent jamais
les biens de l'époux survivant, si l'époux, avant de mourir,
n'a formellement déclaré ou écrit qu'il le voulait ainsi. Or
donc, quand l'époux survivant les conserve, c'est comme usu-

---

(1) *Lakkh. bomnol*, art. 10.

(2) J'entends par *acquêts* les biens acquis dans la communauté autrement
que par succession, et par *conquêts* les biens qui proviennent des successions.

(3) *Lakkh. phodey propone*, I, art. 50.

(4) *Crom tauphéa thuppedey*, art. 124, 125, 133.

(5) *Ibid.*, art. 30, 83 et 126.

(6) *Ibid.*, art. 34.

(7) *Ibid.*, art. 126.

(8) *Ibid.*, art. 115.

fruitier et pour les enfants qu'il a eus de l'époux décédé ou que l'époux décédé, qui les a eus d'un autre lit, lui a laissés.

S'il n'y a pas d'enfant, les biens *dœum* et la part des biens *sambach* qui forment la succession de l'époux décédé sont dits *trap a* et reviennent en partie aux collatéraux du défunt et aux enfants qu'il a adoptés de son vivant, sauf un dixième qui est la part du roi (1). L'époux survivant a droit, si c'est le mari, aux deux tiers, si c'est la femme, au tiers et, si cette femme fait toutes les cérémonies funéraires, à la moitié (2). S'il n'y a pas d'enfants adoptés, pas de collatéraux au degré successible, les biens sont dits *trap phot*, biens de la fin, biens tombés en déshérence; si avant de mourir, le défunt n'en a pas disposé d'une manière toute spéciale, en les donnant par testament ou par déclaration formelle, soit à un individu quelconque, soit à une pagode, le roi succède.

En cas de divorce et s'il y a des enfants nés de l'union des époux, les biens *dœum* des ex-conjoints sont réunis aux biens *sambach* et au prix des cadeaux de noces et partagés entre les deux époux de manière à ce que le père en ait les deux tiers. — Cependant si la femme a seule apporté des biens *dœum*, qui ont fructifié dans le mariage, elle prendra les deux tiers et le mari un tiers seulement (3).

Dans aucun cas, les ascendants ne succèdent dans les biens de leurs descendants, mais si l'ascendant a donné ses biens à son descendant sous la condition d'être nourri et entretenu par lui, il peut reprendre ses biens qui sont allés augmenter les biens *dœum* du décédé et les distraire de la succession.

Quand un des époux ou les deux époux sont mariés en secondes noces, la condition des biens est plus compliquée, surtout quand il y a des enfants du premier lit.

Les biens *dœum* de l'époux remarié comprennent son *alleu* augmenté de la part des biens *sambach* qu'il a reçue à la mort de son premier conjoint; de plus il est dépositaire, usufruitier des biens que son premier conjoint a laissés à ses enfants et que ces enfants n'ont pas encore emportés, les *trap méan*

---

(1) *Crom sauphéa thuppedey,* art. 79.
(2) *Ibid.,* art. 79.
(3) *Lakkhanæ phodey propone,* I, art. 54.

con, biens qui comprennent les *trap-dœum* de l'époux décédé,
les augmentations que ces biens ont subies et la part des *trap-
sambach* à laquelle il avait droit. Dans ce cas, la communauté
est tripartite : le père, les enfants d'une épouse défunte, et
la nouvelle épouse.

Quand l'époux a plusieurs épouses, la condition des biens
est encore plus compliquée.

L'époux polygame a des biens *dœum* et chacune de ses
femmes peut avoir des biens *dœum*, mais les épouses n'ont
pas toutes des droits sur les biens *sambach* et la part de l'é-
poux qui était des deux tiers, quand il n'avait qu'une épouse,
s'affaiblit quand il en a plusieurs; la part de l'épouse polygame est en effet de moitié, la part de la grande épouse ne
change pas, elle est du tiers, et la part de la seconde épouse
est du sixième; la troisième épouse et les concubines n'ont
droit à rien dans les *trap khnong sambach*, ou biens de la
communauté. Dans ce cas, la communauté est tripartite (le
mari, la grande épouse, la seconde épouse).

Les *trap-dœum* ou biens antérieurs (nos *biens propres*)
peuvent s'accroître dans le ménage et ils peuvent décroître.
La loi khmère a prévu un grand nombre de cas.

Ainsi les *trap-dœum* d'un époux s'accroissent : 1° à la mort
du conjoint, de la part des biens *sambach* qui revient à l'époux
survivant, de la moitié du produit de certains biens *dœum*
(esclaves et animaux) apportés par les époux et mis ensemble
(*Chek comlang trap-dœum*) (1); 2° à la rupture du mariage et,
par suite, à la rupture de la communauté, de la part des biens
sambach qui revient à chacun des époux divorcés, de la moitié
du produit de certains biens *dœum* mis ensemble (2) et,
3° après jugement, de la part des biens *sambach* confisqués
aux dépens d'un époux et au profit de l'autre et des amendes
infligées à l'époux coupable ou à son complice quand il y a
eu adultère.

Les *trap-dœum* d'un époux décroissent : 1° dans le mariage, des créances que l'époux possesseur n'a pu recouvrer
que grâce à l'intervention de l'autre époux (3). Quand les

(1) *Ibid.*, art. 135.
(2) *Ibid.*, art. 135.
(3) *Chhbap Khum Suœ*, art. 13.

trap-dœum se perdent, quand ils crèvent, quand ils disparaissent par suite d'usure (1), quand ils sont volés, quand les époux ont été obligés de les vendre pour vivre (2), quand leur propriétaire les dissipe individuellement, les donne, les détruit ou les partage entre ses enfants ou ses autres parents, quand ils servent à acquitter une amende ou les frais d'un procès personnel à leur possesseur (3), quand ils sont confisqués par jugement; 2° à la mort du conjoint, quand l'époux décédé avait emprunté à l'insu de l'époux survivant et si cet époux ne laisse ni *trap-dœum* ni *trap-sambach* et qu'un jugement oblige l'époux survivant à payer un tiers ou davantage de la dette contractée par l'époux décédé (4); 3° à la rupture du mariage, de l'amende que le conjoint condamné peut être obligé de payer à l'autre conjoint.

Voilà pour les biens *dœum;* voici maintenant comment se forment et s'accroissent les *trap-khnong sambach* et comment ils décroissent dans le mariage.

Ils se forment et s'accroissent naturellement du produit économisé des *trap-dœum* apportés dans le ménage, des *acquêts* et des *conquêts* (5) et de leur produit économisé, de tous les objets trouvés par l'un des époux (6), des amendes infligées par les juges à la partie adverse dans un procès, ou des indemnités encaissées (7), des biens *dœum* appartenant à un époux et sauvés par l'autre (8), des créances appartenant à un époux et encaissées grâce à l'intervention de l'autre époux (9), des présents faits par le roi à l'un des époux (10).

---

(1) *Crom sauphéa thuppedey*, art. 134 et 140.

(2) *Ibid.*, art. 139. Tout ceci est en contradiction avec l'art. 58 du *Lak. phodey propone*, I, qui dit que tous les biens propres perdus ou dissipés doivent être remplacés par les biens *sambach*.

(3) *Ibid.*, art. 138.

(4) *Ibid.*, art. 3 et 34; *Chhbap Khum Suœ*, art. 14; *Lakhana Bomnol*, art. 6.

(5) *Lakkhana phodey propone*, I, art. 59.

(6) *Ibid.*, art. 41.

(7) *Ibid.*, art. 136.

(8) *Ibid.*, art. 64, 65 et 132.

(9) *Chhbap Khum Suœ*, art. 13; *Crom sauphéa thuppedey*, art. 51.

(10) *Crom sauphéa thuppedey*, art. 141.

Ils décroissent naturellement de toutes les pertes que les conjoints éprouvent au cours de leur union, des amendes qui sont prononcées contre eux, des indemnités qu'ils sont tenus de payer, des sommes qu'ils prennent pour racheter un parent (1) ou faire une bonne œuvre, pour la cérémonie funéraire d'un parent pauvre, des biens ou des sommes qu'on y prend pour munir un enfant ou pour le doter, etc...

Dans certains cas, après jugement, on saisit par autorité de justice et on confisque la part du condamné dans les biens *sambach.*

Le mari administre les biens *dœum* de son épouse ou de ses épouses, mais il ne peut les aliéner sans leur consentement formel, il est détenteur gérant, mais non propriétaire de ces biens; de plus il ne peut aliéner ses biens *dœum* à lui-même à l'insu de ses épouses et celles-ci ne peuvent aliéner les leurs à son insu, parce que les biens propres dissipés ou perdus par des revers de fortune, durant l'union des époux, doivent, à la dissolution du mariage, être remplacés par les biens *sambach.* Cette disposition est très curieuse en ce sens qu'elle n'est pas sans analogie avec une hypothèque légale accordée à la femme sur les biens de la communauté (non sur les biens propres du mari) à l'effet de garantir ses biens personnels.

Cependant cette inaliénabilité n'est pas absolue, l'épouse peut autoriser l'aliénation de ses biens ou leur mise en gage par son mari; elle peut les aliéner en le prévenant; les engager, ou les compromettre en se portant caution (2) soit pour son mari soit pour un individu quelconque sans l'autorisation de son mari, mais à son su. Dans ce cas, sauf stipulation contraire au moment de l'aliénation, l'épouse perd ses droits à la reconstitution de ses biens *dœum.*

Ce droit à la reconstitution des biens *dœum* aux dépens des biens *sambach* est d'ailleurs nouveau et la preuve d'une évolution de la notion du droit que j'ai signalée ailleurs, de plus en plus favorable à la femme. Tandis que les lois de Prea chey Chessda statuent que les biens *dœum* perdus dans le mariage sont définitivement perdus (3), le *Lakkhana phodey propone,*

---

(1) *Ibid.*, art. 72.
(2) *Chhbap Khum Suœ*, art. 43.
(3) *Crom sauphéa thuppedey,* art. 134, 139 et 140.

qui, dans le texte que nous connaissons, est une loi remaniée beaucoup moins ancienne, enseigne que les biens *dœum* doivent être reconstitués avec les biens de la communauté et, s'il est nécessaire, jusqu'à épuisement de ceux-ci.

Mais la femme, tout en demeurant propriétaire de ses biens *dœum*, ne paraît pouvoir en demander la reconstitution qu'après la prononciation du divorce ou après la mort de son époux, c'est-à-dire à la dissolution de la communauté. Il ne paraît pas qu'elle puisse, tant que dure la communauté, s'adresser aux tribunaux ni plaider contre son mari, alors même que celui-ci dilapiderait ses biens ou les laisserait s'amoindrir entre ses mains.

II.

Les donations.

Au Cambodge, le propriétaire foncier, qui a le droit de vendre sa terre, de la louer et de l'engager, a sans nul doute celui de la donner; mais, bien que ce droit soit absolu et reconnu par tout le monde, je n'ai pu me faire présenter un seul texte de loi réglant la matière des donations.

Et pourtant ces donations sont de quatre sortes :

1º Les donations entre-vifs ;
2º Les donations de vif à une pagode ;
3º Les donations par volonté suprême ;
4º Les donations par volonté suprême à une pagode.

1. — Les premières, sans être très fréquentes, ne sont pas aussi rares qu'on le pense généralement. Mais comme la coutume et la loi n'obligent point les intéressés à porter ce transfert à la connaissance des mandarins, il s'ensuit qu'on les ignore. En fait, la coutume tient lieu de loi. Le donateur fait un papier constatant qu'il donne sa terre, le signe et tout est dit.

Quelquefois le don est fait au bénéfice d'un jeune enfant. Le cas s'est présenté à Trey-Ca. Le donateur était une femme de 30 ans et le bénéficiaire âgé de 6 ans était son neveu. Lors du recensement des terres de cette petite île, la femme déclara qu'elle donnait cette rizière à son neveu et demanda au résident de l'inscrire au nom de celui-ci, sans plus de formalités. Le maire du village et les notables affirmèrent le droit de propriété de la donatrice qui était veuve et sans enfants, et l'inscription eut lieu sur le livre des terres et sous le nom de l'enfant.

Sur le territoire cambodgien, l'inscription des terres n'ayant pas lieu, la donatrice eût remis un papier au tuteur de l'enfant.

La donation n'est donc jamais un acte légal officiellement connu des autorités locales; c'est un acte privé, une chose qui se fait communément parce que le fait de donner à autrui un objet dont on est propriétaire est le fait universel et naturel; ce n'est pas une institution, c'est un usage, mais comme tous les actes graves, cet usage, maintenu par la nécessité, est réglementé par les mœurs, par une manière de voir commune à tous. Si la loi ne définit pas, ne réglemente pas les donations, ne les connaît pas, le peuple les pratique et s'est fait une idée de ce qu'elles sont, de ce qu'elles doivent être. Si nous voulons savoir ce qu'est la donation au Cambodge, c'est cette idée qu'il convient de rechercher et de mettre en lumière; on trouvera, au sein de cette société à demi barbare, l'idée primitive de donation comme elle s'est présentée partout à l'origine des civilisations, avec un caractère précaire et des formes spéciales qui font de cet acte une opération bien différente de la donation entre-vifs que notre Code civil a prévue et définie.

Ce qui distingue, en France, la donation entre-vifs du testament, c'est ceci : La donation entre-vifs est « un acte par lequel le donateur se dépouille *actuellement* et irrévocablement de la chose donnée, en faveur du donataire qui l'accepte (1). » Elle n'est définitive, elle n'engage le donateur, elle ne porte aucun effet que du jour où le donataire l'a « acceptée en termes exprès. » — Le testament est tout autre chose; c'est une libéralité par laquelle un vivant transfère *pour le temps*

____

(1) *Code civil*, art 991.

où il n'existera plus une chose qui lui appartient, mais c'est une libéralité *toujours révocable* (1).

Or au Cambodge la donation entre-vifs est bien différente. Elle tient du testament parce qu'elle est révocable comme lui et, quelquefois, quand elle est une donation à cause de mort, parce qu'elle n'engage pas le donateur actuellement ; elle tient de la donation moderne parce qu'elle répond à la même nécessité, quand elle a pour but de nantir immédiatement le donataire, mais c'est tout ; son caractère précaire en fait un acte qui se rapproche beaucoup plus de la donation germaine et franque, romaine peut-être (au moins en ce qui concerne les *beneficia* donnés aux vétérans) si bien caractérisée par M. Paul Viollet, dans son *Histoire des institutions politiques et administratives de la France* (2), que de la donation occidentale moderne que le Code civil a définitivement consolidée.

En effet, la donation entre-vifs est au Cambodge, comme en Annam d'ailleurs (3), essentiellement révocable ; de plus, elle ne dépouille pas *nécessairement* et *actuellement* le donateur de la chose qu'il donne.

En somme, il y a deux sortes de donations au Cambodge ; une *donation entre-vifs* qui nantit *actuellement* le donataire et une *donation à cause de mort* qui nantira le donataire à la mort du donateur. L'une et l'autre sont révocables.

Quiconque, dit la loi, ayant partagé ses biens entre ses enfants, ou ses neveux, ou ses petits-neveux, ou ses gendres, etc., ou leur ayant remis une partie de ses biens, a, par la suite, à se plaindre de ceux auxquels il a partagé ou donné, peut reprendre tous ses biens et même exiger le paiement des créances qu'il avait sur eux et dont il leur avait fait remise (4). C'est, on le voit, la théorie barbare de la révocation du don pour cause d'ingratitude que notre ancienne législation avait empruntée aux Romains. Cette latitude laissée au donateur de

---

(1) *Code civil*, art. 893.

(2) T. I, pp. 430, 435.

(3) *Commentaires officiels de l'art. 82 du Code annamite.* — Philastre, t. I, p. 389.

(4) *Crom sauphéa thuppedey*, art. 14 et 18. — Le donataire ingrat, ajoute le législateur, peut être puni d'une amende proportionnée soit aux dignités du donateur, soit aux dignités du donataire.

révoquer pour cause d'ingratitude, une donation faite, même
après nantissement, ne paraît pas avoir satisfait le peuple
khmer. Elle me semble pourtant être une tentative remarquable
de consolidation du don mais qui a complètement avorté. De
l'avis de plusieurs juges que j'ai consultés sur ce point spécial,
une donation faite par l'ascendant à son successible est essentiellement révocable *ad nutum*, parce qu'il est inadmissible
qu'un ascendant puisse se dépouiller *définitivement* en faveur
de son successible. Les commentateurs français du Code annamite ont donné la raison de cette inadmissibilité : « Il est de
principe, en droit annamite, disent-ils, que cette révocabilité
est une des conséquences de l'autorité paternelle, qui ne prend
fin qu'à la mort de l'ascendant et qui n'est pas limitée à la
majorité des enfants (1). » Bien que cette doctrine ne soit pas
entièrement applicable au peuple khmer qui considère comme
absolument émancipé celui qui a quitté la maison paternelle,
elle peut être admise au Cambodge, au moins dans sa première
partie. « Le père, me dit un juge, est maître de ses biens ;
quand il les donne à son fils, c'est bien, mais quand il les
reprend, c'est encore bien, parce qu'il est le père et que ces
biens sont toujours à lui. »

On a vu quelquefois un père, ou une mère, faire donation
de ses biens à son fils, à son gendre, sous la condition d'ha-
biter avec lui, puis se fâchant avec le donataire, reprendre ses
biens et les porter au parent chez lequel il a résolu de se reti-
rer.

D'autre part, un ascendant donateur qui s'est dépouillé de
tout ou d'une partie de ses biens au profit de son successible,
— s'il tombe dans la misère, dans la gène, s'il est condamné
à payer une amende —, a le droit de reprendre les biens qu'il
a donnés et, par suite, d'annuler sa donation.

On a vu aussi des donateurs reprendre dans une succession
ouverte les biens donnés par eux sans que les héritiers fissent
la plus petite observation. La loi n'autorise pas cela, mais la
coutume l'admet absolument.

D'ailleurs, je le répète, la loi ignore toutes les donations,

____

(1) Arrêt du 5 février 1805, n° 19 ; *Sic*, 6 décembre 1883 ; — Lasserre,
p. 2, 49 ; — Arrêt du 11 juin 1891, n° 171.

sauf celles faites par l'ascendant à son successible. Elle ne parle ni des donations qu'on peut faire par testament, ni du testament lui-même pourtant connu, ni des donations faites à l'épouse par le mari ou par un autre que le mari, ni des donations qui peuvent être faites au mineur ou au majeur. L'usage, la coutume est, à ce point de vue, très en avance sur la loi.

On admet universellement, au Cambodge, des formes de donations entre-vifs que nous n'admettons pas. Ainsi la femme peut accepter une donation sinon à l'insu de son mari, du moins sans son consentement (1); le père, la mère, le *néac cy-son* (tuteur) d'un enfant ne peut pas refuser une donation faite à cet enfant (2). Un gouverneur et un ancien gouverneur m'ont affirmé que si le *néac cy-son* d'un enfant refusait une donation faite à cet enfant, celui-ci pourrait, étant devenu homme, réclamer devant les tribunaux des dommages-intérêts pour le préjudice qui lui a été causé, et ils ont ajouté que les tribunaux accorderaient incontestablement cette indemnité.

Seulement, tandis qu'en France une donation faite à une femme mariée se joint à ses biens propres, au Cambodge elle s'ajoute aux biens de la communauté, aux biens *sambach*, aux *acquêts*, alors même que ces biens auraient été donnés par le roi à l'un des époux, non à titre de récompense, mais comme cadeaux (3).

Si le roi a donné ces biens à l'un des époux, en récompense de services rendus, ils restent entre les mains de celui qui les a reçus, mais, — et c'est là une disposition qui prouve combien est ancrée dans l'esprit des Kmers la notion de la révocabilité des donations —, ces biens, dit la loi, doivent faire retour au roi à la mort du donataire, parce que, selon le texte, « le roi ne donne qu'aux gens qui ont mérité ses faveurs, et non à leurs enfants qui ne les ont pas méritées (4). »

2. — Les donations d'un vivant à une pagode sont plus rares qu'autrefois. Il est probable que le nombre des esclaves

---

(1) V. *Code civil français*, art. 217, 219, 931.

(2) *Ibid.*, art. 463 et 935.

(3) *Crom sanphéa thuppedey*, art. 111.

(4) *Ibid.*, art. 112.

de pagodes, peu nombreux aujourd'hui, était plus important aux siècles derniers et surtout au temps de la grandeur des Khmers, et qu'ils étaient occupés à la culture des terres données aux bonzeries par les fidèles. Des inscriptions anciennes relatent souvent que tel homme ou telle femme fait présent à telle pagode de tant de rizières situées dans tel village (1).

Aujourd'hui, ces donations solennelles n'ont plus lieu, et les bonzeries qui possèdent des rizières sont rares. Quand un fidèle offre sa terre à une pagode, le *mi-vouat* (le chef de la pagode) la vend le plus souvent et en verse le prix au trésor sacré.

La donation est accompagnée non plus d'une inscription gravée sur une pierre déposée dans la pagode, mais d'une simple déclaration sur papier remis au bonze, portant qu'un tel offre au Bouddha les rizières qui lui appartiennent et qui sont situées à tel endroit.

Mais, je le répète, ces donations sont plus rares qu'autrefois. Les fidèles se montrent moins portés à donner leurs terres à une pagode qui ne les gardera pas. J'ai, une seule fois, entendu parler d'une pareille donation; encore datait-elle de dix ans et portait elle sur une rizière touchant le terrain de la bonzerie et dont le *mi-vouat* avait besoin pour agrandir la terre consacrée au Bouddha.

3. — Les donations par volonté suprême à un vivant non héritier au détriment des héritiers légitimes sont très rares, mais j'ai eu la bonne fortune d'avoir connaissance de l'une d'elles. Voici le cas : Un homme en mourant déclara à son fils et à ses deux filles qu'il avait promis de donner une rizière achetée par lui à un tel, fils d'un tel, qui lui avait autrefois rendu service. Les enfants s'engagèrent à exécuter la promesse de leur père mourant et remirent en effet la rizière au légataire. J'eus connaissance du fait, parce qu'il se trouva que le fils du vendeur de cette rizière, ayant découvert à la mort de son père un billet portant que la rizière n'avait pas été payée, vint

___

(1) Voy. les travaux sur l'épigraphie cambodgienne par M. Aymonnier. — J'ai moi-même en 1891 découvert à Sambaur plusieurs pierres couvertes d'inscriptions qui ont été traduites par M. Aymonnier et qui nous entretiennent de donations considérables d'esclaves, d'or, d'argent, d'ornements, etc., faites au dieu du temple de *çambhapura* (Sambaur).

en réclamer le prix. Les héritiers légitimes produisirent un autre papier, un reçu signé du vendeur, rédigé par le secrétaire du village, heureusement vivant, portant que le prix du terrain était payé, et annulait le papier antérieur égaré par le vendeur. La déposition du secrétaire entendue, la demande en paiement fut retirée et la donation ne fit même pas l'objet d'une seule observation.

Le plus souvent, les donations de ce genre ont lieu entre parents, ou en annulation d'une dette avec gage. Le mourant remet la dette et invite ses enfants à remettre à l'emprunteur la rizière reçue en gage. Un héritier qui n'obéirait pas à cette invitation serait très mal vu de tout le monde, et certains juges prétendent que le légataire a le droit de citer les héritiers, et de demander au tribunal l'exécution, en ce qui les concerne, des dernières volontés du décédé.

Je n'ai pu trouver un seul cas de résistance aux volontés dernières d'un mourant, ni même pu rencontrer un mandarin qui en ait connu un.

4. — Il en est de même pour les donations par volonté suprême au bénéfice d'une pagode. Les héritiers s'exécutent. Mais ce fait est encore plus rare que le précédent et je n'ai pu trouver un seul cas de donation de ce genre, bien que les mandarins que j'ai consultés le connaissent juridiquement. Il est certain que ces donations suprêmes étaient autrefois plus fréquentes, peut-être même très fréquentes.

Il est possible que l'habitude que les *mi vouat* ont prise de vendre les terres données aux pagodes ait diminué, sinon la foi des fidèles, du moins la tendance à offrir des terres au Bouddha.

C'est pourtant, pour les gens qui meurent sans héritiers, une occasion peu onéreuse de faire une bonne œuvre, car le roi, qui hérite des terres provenant de la succession des gens morts sans héritiers légitimes, n'a aucun droit sur ces mêmes terres quand, par volonté suprême, le propriétaire les a offertes à une pagode.

Cependant ces donations sont très rares, même parmi ceux qui n'ont point d'héritiers légitimes et qui sont réputés gens très religieux.

**

Note. — Mais, dans le passé, quel était le régime des
biens? qui peut le dire? Une inscription bien curieuse relevée
à Basset, — une ruine qui se trouve à environ quinze kilo-
mètres de Battambang et qui date de l'an 840 de notre ère, —
semble indiquer que nul ne pouvait, à cette époque, disposer
des terres dont il était détenteur sans le consentement du roi
d'abord et du peuple. « .... offrons aux anges de Basset
Prea ey so (Siva) et Prea noréay (Norayano ou Vichnou)
vingt-quatre champs cultivés en rizières près du village de
Sla-Cô, dont les religieux auront la jouissance. *Le roi Svey-
soreyopor et le peuple approuvent ma résolution* (1). »

Probablement on ne pouvait, à cette époque, comme autrefois chez nous et chez beaucoup de peuples, disposer d'un
bien immobilier, c'est-à-dire des terres qu'on occupait, qu'avec
l'autorisation du chef et du groupe. Il en faudrait conclure
qu'on était encore très voisin de l'époque où la propriété col-
lective des terres était seule connue, que le droit absolu du
propriétaire sur la terre qu'il possédait n'était point né, et que
celui du peuple représenté par le chef et par les habitants du
village, était encore le droit en vigueur.

Dans cette hypothèse, le détenteur d'une parcelle du sol
commun ne pouvait ni la vendre ni l'échanger, ni la louer, ni
la donner sans le consentement du chef et du peuple, et le
village, qui, naturellement dans ce cas, représentait le peuple,
pouvait refuser cette autorisation quand il le jugeait à propos,
quand, par exemple, l'acquéreur proposé par le détenteur
était un étranger.

Cette notion du droit de tous sur la propriété de chacun,
qui en Europe a enfanté le droit de retrait lignager et le
droit de retrait de voisinage est commune à beaucoup de
peuples. Elle a certainement dû être celle du peuple cambodgien à l'époque où l'inscription de Basset fut gravée.

(1) *Moura Le Roy du Cambodge*, II, pp. 379 et 380.

III.

Les successions.

1. — Les successions s'ouvrent, au Cambodge, par la mort de celui qui possède, et par sa disparition, quand on a tout lieu de croire que le propriétaire est décédé. La mort civile n'existe pas ; les biens du condamné à perpétuité, non puni de la confiscation totale des biens, restent entre les mains de son épouse, de ses enfants qui en ont l'usufruit, mais si ce condamné vient à être gracié, ils doivent les lui restituer.

On reconnaît comme indignes de succéder au défunt l'enfant qui, sachant qu'il n'y a aucun autre enfant (1) pour soigner son père ou sa mère malade, pour procéder aux cérémonies funéraires, ne s'est pas dérangé ; l'enfant condamné pour avoir frappé ou tué le décédé ; l'enfant qui a refusé de le nourrir ou de le soigner ; l'ingrat qui a de la haine pour ses parents et qui l'a prouvé maintes fois en les injuriant.

Les étrangers succèdent aux biens d'un étranger ou d'un parent cambodgien conformément aux lois et coutumes cambodgiennes, c'est-à-dire de la même manière qu'un Khmer.

Les successions sont déférées sans qu'il soit tenu compte de la nature ou de l'origine des biens : aux enfants quand il y en a, aux enfants adoptés, aux collatéraux, aux élèves du défunt, à ses amis intimes, à ceux qui l'ont soigné et ont fait toutes les cérémonies funéraires, quand il n'y a pas d'enfant, ou quand les enfants du défunt ne sont venus ni le soigner ni procéder aux cérémonies funéraires. L'époux survivant, ni les ascendants, ne succèdent légalement, mais la coutume existe de laisser en usufruit à l'époux survivant sous le nom de *Trop méar dak* et aux père et mère pauvres, quand il n'y a pas d'enfants, les biens de l'époux décédé. De plus, même quand il y a des enfants, les grands-parents peuvent toujours reprendre les biens qu'ils ont donnés quand ils les trouvent

____

(1) S'il y avait d'autres enfants pour soigner ou incinérer ses parents, sa part serait réduite de moitié seulement.

dans la succession, parce qu'au Cambodge une donation par l'ascendant à son successible est toujours révocable (1).

2. — La succession d'une personne quelconque, qui est décédée sans laisser ni conjoint survivant ni enfant, se compose de tous les biens que cette personne possédait et les successeurs sont des collatéraux, ou, à leur défaut, l'État. Quand il n'y a pas d'enfants, ces biens sont nommés *trap a*, quand l'État succède à défaut des collatéraux, ce sont des biens *trap-a*, mais qu'on désigne plus exactement sous le nom de *trap-phot* ou « biens de la fin. »

La succession d'une personne quelconque, qui est décédée et qui laisse un conjoint survivant et pas d'enfant, comprend : 1° ses *trap-dœum* (biens d'avant, ce sont nos « biens propres ») apportés dans le ménage le jour du mariage, et 2° une partie des *trap-sambach* ou biens de la communauté. Ce sont des *trap-a* auxquels succèdent soit des collatéraux, soit, à défaut de ceux-ci, l'État.

La succession d'une personne quelconque qui est décédée et qui laisse un conjoint survivant et un ou plusieurs enfants qu'elle a eus de ce conjoint comprend, comme ci-dessus : 1° ses *trap-dœum* et 2° sa part des *trap-sambach* aux biens de la communauté. Dans ce cas, ces biens prennent le nom de *trap-méan-con* (biens des enfants) et ce sont les enfants qui succèdent, sans distinction de sexe.

La succession d'un homme quelconque qui est décédé et qui laisse une *propone kroy* (épouse d'après), c'est-à-dire une dernière épouse et des *con dœum* ou enfants de la *propone dœum* (épouse antérieure), comprend : 1° les *trap-dœum* du père qui étaient « ses biens propres » au moment du second mariage (2); 2° sa part à lui dans les biens *sambach* ou de la communauté formée avec la *propone kroy* ou dernière épouse. Il y a là une communauté tripartite (le père, les enfants, la belle-mère). Les enfants *dœum* succèdent à tous ces biens. Mais à côté de la succession, il y a des biens à la tenue desquels il faut pour-

---

(1) *Crom sanphéa thuppedey*, art. 11 et 18.

(2) Les *trap-dœum* de cet homme peuvent se composer des biens qu'il a apportés dans son premier ménage et de sa part des biens *sambach* de la première communauté.

voir (1), ce sont : 1° les *trap-dœum* de la première épouse dont le père avait la gérance et l'usufruit, mais qui étaient les biens propres de ses enfants; 2° la part de la mère dans les *trap-sambach* ou biens de la première communauté.

La succession d'une épouse quelconque qui est décédée et qui laisse un *pedey kroy*, dernier mari, et des *con dœum* provenant d'un mariage antérieur, se compose : 1° des *trap-dœum* de la mère qui comprennent les biens qu'elle a apportés dans son premier mariage; 2° de sa part des biens de la première communauté; 3° de sa part dans les *sambach* de la seconde communauté. Les enfants *con dœum* lui succèdent. Les *trap-dœum* du premier mari que cette femme avait gardés en usufruit pour le compte de ses enfants et la part de son premier mari dans les biens de la première communauté qu'elle avait gardée en usufruit, mais pour le compte de ses enfants, sont des biens à côté de la succession à la tenue desquels il faudra pourvoir (2).

La succession d'un homme quelconque qui est décédé et qui laisse une *propone kroy*, des *con dœum* nés d'une union antérieure, et des *con kroy* nés de la dernière union, comprend les mêmes biens que ci-dessus; mais le groupe des enfants de la première union a droit, sur les biens provenant de la succession du père, à une part plus considérable que le groupe des enfants de la deuxième épouse.

Il en est de même pour la succession d'une femme qui est décédée et qui laisse un *pedey kroy* et des enfants de ses deux maris; les enfants du premier mari ont droit à une part plus considérable que les enfants du second mari dans la succession provenant de la mère décédée (3).

La succession d'un homme quelconque qui est décédé et qui laisse des *con dœum*, des *con kroy* et des *con thœur* (enfants adoptés), mais pas d'épouses, comprend : ses *trap-dœum* à lui, ou biens qu'il a apportés dans le second ménage, et sa part

---

(1) M. Leclère entend parler sans doute de biens sur lesquels s'exerce une sorte de droit de reprise qui oblige à les représenter (Note de la rédaction).

(2) C'est-à-dire qu'il faudra représenter (Note de la rédaction).

(3) *Ch'ap Khum Snoc*, art. 3.

24 DROIT CAMBODGIEN.

des biens *sambach* de la seconde communauté (1). Les enfants légitimes et les enfants adoptés lui succèdent, mais dans des proportions différentes (2). Les *trap-dœum* et la part des *trap-sambach* de la première épouse que cet homme a conservés en usufruit pour les *con dœum;* les *trap-dœum* et la part des *trap-sambach* de la dernière épouse et qu'il a conservés en usufruit pour les *con kroy* sont en dehors de la succession de cet homme.

Il en est de même pour la succession de la femme qui laisse des *con dœum,* des *con kroy* et des *con thœur.*

La succession d'un homme quelconque qui est décédé en laissant des *propones thom, stœu, toch* et *mikha,* puis des enfants de chacune de ces femmes, comprend ses biens *dœum* et sa part dans les biens de la communauté. Ces biens *trap-méan con* sont partagés entre tous les groupes d'enfants, mais inégalement (3), comme on le verra plus loin.

La succession d'un homme quelconque qui est décédé en laissant des enfants nés de *propones thom, stœu, toch* et *mikha,* toutes décédées, comprend ses biens *dœum* et la part des biens *sambach* qui lui revient. Les biens *dœum* de la *propone thom* et sa part des biens de la communauté au moment de sa mort, les biens *dœum* de la *propone stœu* et sa part des biens de la communauté au moment de sa mort, les biens *dœum* de la *propone toch,* les biens *dœum* de la *propone mikha* (4) sont en dehors de la succession. Tous les groupes d'enfants succèdent dans les biens propres du père et dans la partie des biens *sambach* qui lui revenait, mais dans des proportions différentes, alors qu'ils succèdent à leur mère dans des proportions égales.

3. — Les *trap-a* sont, je l'ai déjà dit, des biens auxquels, en l'absence d'héritiers directs, succèdent des collatéraux d'abord et d'autres personnes qui ne sont pas de la famille, mais qui se sont créé des droits à la succession. Voyons donc ce que sont les collatéraux aux degrés successifs reconnus par la loi

---

(1) On comprend que, à la mort de sa première épouse, ses biens propres se sont augmentés de sa part des biens *sambach.*

(2) *Chbap Khum Snoc,* art. 3.

(3) *Chbap Khum Snoc,* art. 4, et *Crom sauphéa thuppedey,* art. 50.

(4) Ces deux dernières femmes et les survivantes, quand il y en a, n'ont aucun droit sur les *trap-sambach.*

khmère et quelles sont les personnes qui viennent après eux et avec eux ou sans eux succéder dans les biens.

Une très ancienne loi contenue dans les livres sacrés en langue pali, la *Prea tharsa sra phac nano tetvéa satha sac ro tanéa nichéas nisa hitvéa na to mi yaha photé néa nis* (1) reconnaît sept degrés de parents qui peuvent succéder dans les biens (*chek nhéat pram-pil-sandean*); ce sont : 1º les enfants adoptés (*con thœur*); 2º les neveux ou nièces (*khmuey bang kot*); 3º les cousins-germains et les cousines-germaines (*chi-tut-muey*); 4º les cousins hermet-germains et les cousines hermet-germaines (*chi-luot-muey*); 5º les cousins issus d'hermet-germains et les cousines issues d'hermet-germaines (*chi-léa-muey*); 6º les cousins et cousines issus des issus d'hermet-germains (*chi-sandéan*); 7º les cousins et cousines d'un degré plus éloigné ou parent du « bout cassé » (*chong kol*). Quand ce dernier parent au degré successible a entretenu des relations constantes avec le défunt, on lui donne le nom de *kank-kuk*.

Voilà les parents aux degrés successibles s'il n'y a pas d'enfants, et s'il n'y a que des enfants écartés ou privés d'une partie de la succession; voici maintenant les personnes étrangères à la famille qui peuvent avoir acquis des droits à la succession : 1º les élèves habitant avec leur professeur et le servant, si le défunt était professeur; 2º les amis intimes (*mit samlanh*) du défunt qui habitaient avec lui; 3º les gens qui sont venus le soigner quand il était malade et qui ont participé à toutes les cérémonies funéraires (le plus souvent les voisins).

Il y a donc dix classes de personnes qui peuvent succéder dans les *trap-a*, mais les droits de ces personnes à cette succession sont inégaux et, par suite, les parts qui leur reviennent sont inégales. Ainsi, quand les individus des dix classes qui viennent d'être énoncées n'ont pas démérité, ont tous participé aux cérémonies funéraires, le partage a lieu de la façon que voici : le fils adopté ayant telle somme, le neveu a moitié moins, le cousin-germain moitié moins que le neveu, le cousin hermet-germain moitié moins que le cousin-ger-

(1) *Chbap Khum Snoc*, art. 2. — Je trouve cette autre leçon dans le *Crom sauphéa thuppedey* : *Phac tote monota thréa sala sara Kathéa rana cha ma nac Thama to hetvéa ly yéae véac pho téné* (art. 51).

main, et ainsi de suite jusqu'à la fin de la parenté et des trois dernières classes de personnes hors la parenté.

Si parmi les individus composant ces dix classes de personnes appelées à succéder, il y en a qui n'ont pas participé aux cérémonies funéraires, alors même qu'elles seraient trop jeunes pour y participer de leur propre initiative, ces individus prennent le rang immédiatement au-dessous de celui auquel leur donne droit leur degré de parenté ; par exemple, un fils adopté, qui n'a pas pris part aux funérailles, succédera comme un neveu ; un neveu, dans le même cas, succédera comme un cousin-germain, etc. (1).

4. — Les *trap-méan-con* sont, ainsi que je l'ai dit, les biens auxquels les enfants du décédé sont appelés à succéder. Voyons donc comment sont partagés ces biens entre eux.

Tout d'abord, est exclu de la succession l'enfant qui a abandonné soit son père, soit sa mère dans leur dernière maladie, alors qu'il savait que le malade n'avait ni enfant légitime ni enfant adopté pour le soigner, et s'il n'a pas procédé aux cérémonies funéraires.

Si cet enfant savait que le malade avait un autre enfant légitime ou adoptif pour le soigner ou pour procéder aux funérailles, sa part est moitié moins élevée que celle qu'il aurait eue s'il avait agi en fils soucieux de remplir tous ses devoirs.

L'enfant adopté qui n'a ni soigné ni incinéré son bienfaiteur perd tous les droits que la loi lui reconnaissait à la succession, « parce que, me dit un juge, il a oublié le bienfait et n'a pas mieux agi qu'un étranger à la famille. »

Ne faut-il pas voir, dans ces dispositions qui diminuent la part du fils qui n'a point participé aux cérémonies funéraires, et qui fait « entrer dans la place » des étrangers à la famille, les vestiges d'une ancienne législation, laquelle reconnaîtrait des droits successoraux non seulement aux enfants, non seulement aux collatéraux, mais encore aux voisins, au groupe, à la tribu.

5. — Si le défunt était polygame, et s'il laisse des enfants de toutes ses épouses et de toutes ses concubines, ou bien si le défunt monogame a été marié plusieurs fois, le partage de

---

(1) *Chbap khum Suoe*, art. 5, et *Crom sauphéa thuppedey*, art. 51.

ses biens a lieu non entre ses enfants, mais entre les groupes d'enfants; ainsi, dans le cas de polygamie, les enfants de la *propone thom* (grande épouse) auront quatre parts, les enfants de la *propone stœu* (épouse suivante) auront trois parts, les enfants de la *propone tœh* (petite épouse) auront deux parts, et les enfants de la concubine ou des concubines auront une part (1).

Dans le cas de monogamie, avec deux épouses successives, les *con dœum* ou enfants antérieurs auront quatre parts, les *con kroy* ou enfants derniers trois parts, et les *con thœur* ou enfants adoptés, s'il y en a, deux parts (2).

Il convient d'observer ici que les enfants adoptés sont traités comme les enfants de la petite épouse dans le cas de polygamie; mais si la *propone kroy* était la troisième épouse du défunt, ses enfants ont droit à deux parts, et les enfants adoptés à deux parts également. Quand il n'y a que des enfants légitimes et des enfants adoptés, la part de ces derniers est beaucoup plus considérable, car elle est du tiers des biens; deux parts aux enfants du décédé, une part aux enfants adoptés (3); quand le fils adopté a procédé à l'incinération de son père adoptif alors que le fils légitime n'a rien fait, les rôles sont renversés, il succède comme un fils légitime et le fils succède comme un enfant adopté qui a soigné ou incinéré (4).

Si le défunt était polygame et s'il laisse des enfants de toutes ses épouses et de toutes ses concubines, — ces épouses et ces concubines étant décédées, et leur part des biens *sambach* n'ayant pas été établie à leur mort (ce qui est le cas le plus fréquent), — le partage a lieu tout d'abord inégalement entre le mari et les deux premières épouses tous fictivement représentés, puis la part du mari est divisée inégalement entre les groupes d'enfants, puis celle de chacune des femmes est divisée également entre leurs enfants respectifs.

Par exemple, un veuf meurt en laissant trois enfants d'une *propone thom*, décédée, deux enfants d'une *propone stœu*, dé-

---

(1) *Crom sauphéa thuppedey*, art. 50.
(2) *Chbap khum Puoc*, art. 50.
(3) *Crom sauphéa thuppedey*, art. 52.
(4) *Ibid.*, art. 53.

cédée, trois enfants d'une *propone touch* et deux enfants de la *propone mikha* ou concubine (1).

Tout d'abord on admet la représentation fictive des trois décédés (le mari et les deux premières épouses) afin de constituer leur part dans la communauté, et le partage a lieu ainsi : trois parts pour l'homme, deux parts pour la première épouse, une part pour la seconde épouse; c'est le premier partage. Puis on prend la part de l'homme et on la partage inégalement entre tous les enfants qu'il a eus de ses femmes et de ses concubines; on fait neuf parts; quatre parts reviennent aux enfants de la première femme, trois parts aux enfants de la seconde, deux parts aux enfants de la troisième, une part aux enfants de la concubine (2). C'est le deuxième partage. Ensuite on prend les parts de chaque groupe d'enfants et on en fait un tout qu'on divise également entre tous ceux qui font partie de ce groupe, c'est le troisième partage. Enfin on prend la part des biens *sambach* de la première femme et on la partage également entre tous ses enfants, puis la part des biens *sambach* de la seconde femme et on la partage entre tous ses enfants.

Il en résulte ceci, que les enfants des deux premières femmes succèdent à la fois à leur père et à leur mère, et que les enfants de la troisième et ceux de la concubine succèdent à leur père seulement. Sur 900 fr., représentant par exemple l'avoir de la succession de l'homme dont je viens de parler, les enfants de la *propone thom* reçoivent ensemble, dans la succession de leur père, 180 fr., soit les quatre dixièmes (3); plus sur la succession de leur mère 300 fr. représentant sa part des biens *sambach*, soit en tout 480 fr. ou 160 fr. pour chacun d'eux. Les deux enfants de la *propone stœu* reçoivent ensemble sur la succession de leur père 135 fr., représentant les trois dixièmes, plus, sur la succession de leur mère 150 fr., soit

---

(1) Il importe peu que ces deux dernières femmes soient décédées ou non puisqu'elles n'ont pas droit aux biens *sambach*.

(2) S'il y avait plusieurs concubines, leurs enfants n'auraient droit collectivement qu'à une seule part. Si de plusieurs concubines le défunt n'a qu'un seul enfant, il succède dans une part.

(3) Il nous semble qu'il s'est glissé là un lapsus *calami* et qu'il faut lire « vingtièmes » au lieu de dixièmes (Note de la Rédaction).

en tout 285 fr. ou 142 fr. 50 pour chacun d'eux. Les trois
enfants de la *propone touch* reçoivent ensemble sur la succession de leur père 90 fr. représentant les deux dixièmes, soit
30 fr. pour chacun d'eux. Les deux enfants de la concubine
reçoivent ensemble 45 fr. ou 22 fr. 50 chacun.

Si la concubine n'avait qu'un enfant, la part de cet enfant
se trouverait être plus élevée que celle d'un enfant de la *propone touch.*

Si la *propone touch* n'a qu'un enfant alors que la *propone
stœu* en a deux, la part de son enfant, provenant de la succession de son père, est plus élevée que la part provenant de
la succession du père remise à l'un des enfants de la *propone
stœu*, etc. Si bien que moins une femme a d'enfant, plus élevée est la part de ces enfants dans la succession paternelle.

6. — L'enfant adopté par un homme marié lui succède, et
il succède aux biens de l'épouse que cet homme avait au moment de l'adoption ; si cette épouse vient à mourir et que le
père adoptif en prenne une autre qui adopte à son tour l'enfant déjà adopté par son mari et par la première femme, il
succède encore à cette femme en qualité de fils adopté par
elle (1). Ce sont là des avantages considérables qu'entraîne
l'adoption.

Si le défunt monogame laisse des *con dœum*, qui ont quitté
la maison et qui n'ont pas accompli les cérémonies funéraires,
des *con kroy'* qui habitent la maison et des enfants adoptés
(*con thœur*) qui n'ont pas incinéré le défunt, le partage sera
différent : les *con kroy'* auront quatre parts, les *con dœum*
deux parts, les enfants adoptés une part (2). Si les enfants
adoptés dont il est ici question ont incinéré le défunt alors
que les légitimes ne l'ont pas fait, ils héritent de deux parts
et les légitimes d'une part seulement.

Si un veuf est décédé et est incinéré sans que ses enfants,
qui n'habitent pas avec lui, soient venus le soigner ou accom-
plir les cérémonies funéraires, les biens sont considérés comme
trap-a et partagés entre les collatéraux comme il a été dit ci-
dessus (3).

---

(1) *Chbap khum Puoc*, art. 3.
(2) *Crom sauphea thuppedey*, art. 52.
(3) *Ibid.*, art. 51.

Si le défunt a eu, du vivant de sa femme, et s'il a fait éle-
ver, avec les enfants qu'il a eus de celle-ci, un enfant qu'il a
procréé avec l'esclave d'un autre homme, cet enfant est consi-
déré comme adopté et il succède avec les droits d'un enfant
adopté (1).

Si un homme meurt en ne laissant que sa *propone mikha*
(épouse rachetée, concubine) et des enfants nés de cette femme,
ces enfants qui sont considérés comme légitimes, succèdent
dans ses biens (2).

Si le défunt, étant déjà marié, a racheté une esclave pour
en faire sa *mikha* et s'il laisse des enfants de son épouse et des
enfants de sa concubine, ils prennent, dans ses biens, les enfants de la femme quatre parts, les enfants de la concubine
une part.

Dans certain cas l'épouse succède : c'est quand sa condition
d'épouse du troisième rang ou de concubine ne lui donne pas
droit aux biens *sambach* et qu'il ne se présente pour succéder
ni enfants légitimes, ni enfants adoptés, et surtout si le défunt
n'a laissé aucune épouse. Les biens sont *trap-a*, le roi prélève
un dixième, les collatéraux six dixièmes (deux parts comme
dit la loi) et la concubine une part ou trois dixièmes (3).

Dans un cas curieux, un enfant conçu hors mariage, mais
après fiançailles, a des droits à la succession de son père.
« Si à la mort de son fiancé, la fiancée se déclare enceinte de
lui, prouve que l'auteur de sa grossesse est bien celui que ses
parents lui destinaient pour époux, ou, si, plus tard, elle reconnaît sa grossesse et la déclare, si enfin l'accouchement a
lieu moins de dix mois après la mort de l'amant, l'enfant ou
les enfants de cette fille sont reconnus héritiers de leur père. »
Ils succèdent alors dans ses biens de préférence à tous les collatéraux.

7. — Voici maintenant une disposition successorale singulière
qui pourrait bien jeter un certain jour sur un passé mal connu.
Les fonctions ne sont pas héréditaires au Cambodge; l'étaient-
elles autrefois? C'est possible. Alors la disposition que je vais

---

(1) *Crom sauphéa thuppedey,* art. 54.
(2) *Ibid.,* art. 55.
(3) *Ibid.,* art. 83.

citer ici vise la période féodale où les dignités étaient héréditaires dans la même famille à l'imitation de la dignité suprême.
« Si le défunt est mort en fonctions, on prendra celui de ses
fils qu'on jugera le plus capable pour le remplacer dans le service (1). » Ainsi voilà un droit successoral reconnu du fils à la
fonction du père; mais une chose est à observer, c'est que
ceux qui sont chargés de nommer à cette fonction ne sont pas
tenus de désigner le fils aîné; ils peuvent nommer le cadet, le
dernier des fils. C'est sur un terrain plus modeste, le droit
dont jouissent les hauts mandarins de choisir le roi dans la
famille royale et d'écarter le fils aîné s'ils le trouvent incapa-
ble, pour prendre un cadet ou le frère du roi défunt. Cette
disposition est unique, je pense, et peut-être une bribe d'un
régime disparu, d'un ordre de choses oublié.

8. — Le roi succède dans tous les biens tombés en déshérence (*trap-phot*), c'est ce qui fait de lui le grand héritier du
royaume, mais son droit est limité. Il doit le partager avec les
voisins ou les parents qui habitaient avec le défunt et affecter
un tiers de la succession aux cérémonies mortuaires.

De plus, ainsi que je l'ai dit ailleurs (2), les terres dont il
hérite, sont, en entrant dans le domaine royal, grevées d'un
droit de reprise au profit de la famille du décédé ou, en cas
d'abstention de celle-ci, au profit des voisins du décédé,
moyennant le prix réel de ces terres.

9. — En France, l'héritier a le droit d'accepter la succession
sous bénéfice d'inventaire.

Au Cambodge, on n'a songé à rien de pareil, mais le législateur a pensé qu'il devait intervenir dans ce cas :

« Les enfants qui héritent des biens de leurs père et mère
doivent, si ces biens sont plus que suffisants pour payer leurs
dettes (intérêts et capital), les payer, parce que, dit la loi, les
enfants doivent, par reconnaissance, payer les dettes de leurs
parents pour leur éviter des peines dans la vie future..... (3). »

Mais l'ancienne idée de la propriété de famille vit encore
au fond de la conscience des Khmers et le législateur pense

(1) *Crom sauphea thuppedey*, art. 133.
(2) *Recherches sur la législation cambodgienne*, droit privé, 1890, pp. 273-
274.
(3) *Lakhana Bomnol*, art. 18.

que les enfants ont un certain droit sur les biens de leurs père
et mère, il ajoute :

« ....., Mais s'ils ne suffisent (les biens) que juste pour payer
les dettes (intérêts et capital), alors les enfants ne sont obligés
qu'à payer le capital, parce qu'il est juste qu'il leur reste quel-
que chose. Si les parents n'ont laissé que peu de biens, la
moitié de ces biens sera employée au paiement de la moitié
de ces dettes (1), et l'autre sera laissée aux enfants. Si, à leur
mort les père et mère n'ont laissé que très peu de biens, un
tiers de ces biens servira à payer leurs dettes et les deux autres resteront aux enfants. Si, à leur mort les père et mère
n'ont laissé aucun bien, les enfants sont libres de payer leurs
dettes ou de ne pas les payer (2). »

(1) Quelle que soit l'importance de ces dettes.
(2) *Lakhana Bomnol*, art. 11.

BAR-LE-DUC, IMPRIMERIE CONTANT-LAGUERRE.

www.ingramcontent.com/pod-product-compliance
Ingram Content Group UK Ltd.
Pitfield, Milton Keynes, MK11 3LW, UK
UKHW021154140726
13695UKWH00005B/2134